Mein Herz geht mit dir
Trauergedichte

Angelika Wolf

Mein Herz geht mit dir
Trauergedichte

Bibliografische Information der Deutschen Nationalbibliothek:
Die Deutsche Nationalbibliothek verzeichnet diese Publikation in der Deutschen
Nationalbibliografie; detaillierte bibliografische Daten sind im Internet
über http://dnb.d-nb.de abrufbar

© 2013

Herstellung und Verlag: BoD - Books on Demand GmbH, Norderstedt

ISBN: 9783732242023

Für Mama,

*so oft in deinem Leben musstest du kämpfen.
Du hast dabei stehts Tapferkeit und Stärke bewiesen.
Dafür habe ich dich bewundert.
Ich wußte ja, für wen du kämpfst.
Dafür habe ich dich geliebt.
Dennoch hast du den letzten Kampf verloren.
Du mußtest gehen,
doch mein Herz geht mit dir.*

Vorwort

*Leider ist es in der heutigen Zeit immer noch für manche
Menschen schwer, mit Tod und Trauer umzugehen.
Sie haben Angst davor, etwas Falsches zu sagen
oder zu tun.
Oft führt das dazu, dass man dann lieber gar nichts macht,
als etwas falsch zu machen.
Viele vermeiden dann den Verstorbenen zu erwähnen.
Schrecklich, denn wenn der geliebte Mensch schon tot ist,
dann soll er doch nicht auch noch totgeschwiegen werden.
Noch schlimmer aber ist es,
wenn die anderen Menschen sich zurückziehen.
Das ist für einen trauernden Menschen sehr schwer zu
ertragen. Bräuchte er doch gerade jetzt
jede Unterstützung, die man bekommen kann.
Das führt nicht selten dazu, dass man den Eindruck hat,
man sei für die Umwelt mitgestorben oder was noch
schlimmer ist, man wünschte sich das es so sei.
Dabei wäre es doch so wichtig, dass man dem Menschen
hilft, seinen Verlust zu verarbeiten, ihm Trost gibt,
aber auch die Hoffnung, dass man auch ohne
den geliebten Menschen weiterleben kann.
Gerade für all die Menschen, die sich in Zeiten der Trauer
sehr einsam fühlen, habe ich dieses Buch geschrieben.
Ich hoffe, dass ich damit Trost und Hoffnung geben kann.*

Du und ich

*Du und ich, das ist vorbei, das gibt es nicht.
Zerrissen die Zwei, erloschen das Licht.
Du bist fort und kehrst nicht zurück.
Ist mir genommen, meine Liebe, mein Glück.*

*Ist der Verlust auch nicht zu fassen,
wird meine Liebe dich dennoch leben lassen.
Werde mich dankbar erinnern, was wir besessen,
denn was wir hatten, das war nicht zu ermessen.
Unsere Liebe war unendlich groß,
drum lasse ich dich niemals ganz los.*

*Und wird es dich auch so nie mehr geben
bleibst du doch mein Herz, meine Seele, mein Leben.*

Zwei zusammen

Zwei zusammen in Liebe vereint,
doch das Schicksal hat es verneint.
Trennt, was vom Herz her zusammengehört,
hat zwei Leben damit zerstört.
Nimmt keine Rücksicht auf Schmerz und auf Leid,
gibt mir nur ein paar Tage Zeit.
Tage, die für die Ewigkeit sind,
bei der sterbenden Mutter, das liebende Kind.

Gott hat mein Flehen nicht vernommen,
dich mir einfach weggenommen!
Getrennt uns hier auf Erden.
Was soll nun aus mir werden?

*Eine starke Frau mit sehr viel Kraft
die in Zukunft perfekt ihr Leben schafft?
Mit deiner Hilfe, kann ich's erreichen
denn deine Seele wird nicht weichen.
Du lässt mich niemals ganz allein,
wirst oben bei den Engeln sein
und beim Herrgott für mich bitten,
vielleicht hast du deshalb all das erlitten.*

*Um dann in deiner Todesnacht,
aufzufahren in die Himmelsmacht,
um dort Fürsprache für mich einzulegen
und bittest für mich um Gottes Segen.*

*Mir bleibt hier nur darauf zu warten,
dich wieder zu sehen in Edens Garten.*

Das letzte Mal

*Stumme Schreie gellen durch das Haus,
dann trägt man dich für immer raus.
Hast du's gewusst oder erahnt,
Dass sich dein Tod bereits anbahnt?
Konnt' ich's nicht sehen und nicht erkennen?
Oder wollt' ich es nicht beim Namen nennen?
Machte mich die Liebe blind?
Zu dir Mama, das fragt dein Kind.*

*Blieb mir nur dieser Augenblick,
dann gingst du fort, kamst nicht zurück.
Mir war wie wenn mein Herz zerrissen,
denn hier begann das zu vermissen.
Obwohl die Hoffnung dennoch groß,
wusste ich es ist dein Los.
Nie mehr nach Haus zurückzukehren
und wir konnten uns nicht wehren.*

Warum musstest du von mir gehen,
wusste, ich würd' dich nie wiedersehen.
Wollte schreien: „Laß mich nicht allein!"
Doch das Entsetzen engt den Hals mir ein.
Wollte weinen, weinen wie ein Kind.
Weiß bis heute nicht, wo meine Tränen sind.
So stand ich still und leblos da,
als ich dich zum letzten Mal sah.

Konnte dich nicht bei mir behalten,
da musste mir mein Herz erkalten.
Nur um nichts mehr fühlen zu müssen,
was ab da mein sicheres Wissen.
Nur um nicht daran zu denken,
dass das Schicksal nicht zu lenken.

So stand ich in meiner Seelennot
und erkannte: Ich bin tot!
Mein Körper ist zwar noch am Leben,
doch Gefühle wird es nie mehr geben.

Was du mir bist

*Mir ist's, als wie wenn es gestern wär,
als ich dein Gesicht gesehen.
Warum ist es noch so schwer?
Wie viel Zeit muss noch vergehen?
Damit die Erinnerungen verblassen,
die Bilder wohl verschwinden.
Wann kann ich es wohl endlich fassen?
Seh noch immer dich in Schmerzen winden.
Als du in deinem Bett gelegen
und dein Leid unsagbar groß.
Konnte dich nur etwas pflegen,
doch die Angst ließ uns nicht los.*

*Wollte alles von dir nehmen,
dir helfen so gut es geht.
Kann mich nun nur nach dir sehnen,
denn keiner diesen Schmerz versteht.
Weißt du noch, wie es gewesen,
als du sagtest: "Ich habe dich lieb"?
Dachten beide, du würdest genesen,
ahnten nicht, wie wenig Zeit uns blieb.*

*Doch wenn ich in die Vergangenheit schau
und die Szenen seh'.
Weiß ich, wir wussten es genau,
doch hilf', dass ich versteh.
Warum wollt' ich es nicht erkennen,
nicht die Wahrheit sehen?
Warum nicht beim Namen nennen,
dass du musst nun gehen?
Dass es keine Chance mehr gibt,
dass es nun zu Ende.
Egal wie sehr du auch geliebt.
Ich hielt nur deine Hände.
Doch als ich in deine Augen sah,
sah ich in deinem Blick:
Bald bist du nicht mehr da
und kommst nicht mehr zurück.*

*Ist so schwer „Adieu" zu sagen,
ich weiß wie falsch das ist.
Doch an deinen letzten Tagen,
hast gespürt, was du mir bist.*

Glaub' mir

Konnte ich dich je belügen,
nein, ich konnt' es nicht.
Oft muss man sich selbst betrügen
nicht sehen der Wahrheit ins Gesicht.

Glaub mir, ich habe dich nicht belogen,
hab geglaubt, was ich versprach.
Hat mich's Schicksal selbst betrogen,
fühl' ich nun der Elend Schmach.

Vorwurfsvoll sahst du mich an.
Denkst ich hätt' dir was verschwiegen,
denkst was tut man dir hier an.
Warum laß ich dich hier liegen?

Glaub' mir, wenn ich nur vermutet,
dass es nun ist an der Zeit.
Siehst du, wie mein Herz nun blutet,
siehst du meiner Seele Leid.

Glaub mir, ich hätt' mit dir gesprochen.
Glaub mir, ich wollte ehrlich sein.
Was hab ich an dir verbrochen,
ließ ich dich im Tod allein!

Ich habe dich nicht aufgegeben,
dafür lieb' ich dich zu sehr,
hab gedacht, du würdest leben,
ohne dich fühl ich mich leer.

Wollte dich doch stets behüten und umsorgen,
doch die Zeit, die blieb uns nicht.
Glaubte sicher, es gibt für uns ein Morgen
und das ist der Wahrheit ihr Gesicht.

Hätt' ich noch einen Tag

*Ich schau zurück,
es kommt mir vor, als ob es gestern war.
Ich sah dein Gesicht,
strich dir liebevoll über dein Haar.
Ich hielt dich im Arm,
um deinen Schmerz zu lindern.
Du hattest keine Chance.
Ich konnt' es nicht verhindern.
Ich sah in deine Augen
und sah es in deinem Blick.
Du wusstest es geht zu Ende.
Es gibt nun kein Zurück.
Es tut so weh,
zu schwer, dass ich „Adieu" dir sage.
Was konnt' ich tun,
dir zu erleichtern deine letzten Tage.
Und doch hätt' ich noch einen Tag,
gäb' so vieles, was ich dir sag.*

Sag Danke für all das, was du mir gegeben.
Sag Danke, dass du Teil in meinem Leben.
Sag bitte hilf mir zu verstehen.
Sag warum müssest du schon gehen?
Sag was hab ich falsch gemacht?
Sag hab' ich nur an mich gedacht?
Wollt' nicht zulassen, dass du gehst.
Sag' mir, dass du das verstehst.
Ich wollte dich festhalten für alle Zeit,
doch das ist nun Vergangenheit.
Nun gibt es nichts, was ich noch tun kann.
Und doch denk' ich so oft daran.

Ach hätt' ich doch nur einen Tag,
an dem ich deine Stimme hören mag.
Ich möchte deine Hände spüren,
die zärtlich mein Gesicht berühren.
Ich dann in deine Augen schau,
doch weiß ich es ganz genau.
Es das nie mehr geben mag.
Ach hätt' ich doch nur einen Tag.

Bitte komm

„Bitte komm!", war an mich dein Flehen.
Wolltest mich so gern noch einmal sehen.
Die Erfüllung deines Wunsches blieb dir versagt.
Hab' mich dafür gehasst und angeklagt.
Wollte doch immer bei dir sein,
doch im Tod, da ließ ich dich allein.

Sag mir, wie soll ich mit diesem Wissen leben?
Zu spät, eine zweite Chance, die wird's nicht geben.
Ist nie mehr gut zu machen, was ich versäumt,
doch dann, hab ich von dir geträumt.
Sagst, ich darf mir die Schuld nicht geben.
Es war Schicksal, bestimmt für unser Leben.

Doch ich hör an jedem Tag, zu jeder Stund':
das "Bitte komm" aus deinem Mund!

Der Seelenvogel

Ein letztes Aufbäumen deines Körpers.
Dein letzter Atemzug.
Nun hat dein Herz aufgehört zu schlagen.
Für mich war es,
wie wenn die Welt plötzlich still stand.
Doch die Erde drehte sich weiter.
Die Wolken zogen weiterhin am Himmel vorüber.
Die Sonne leuchtete genauso strahlend wie vorher.
Und die Vögel sangen immer ihren fröhlichen Gesang.

Doch ich sah die Sonne nicht mehr.
In meiner Welt, war sie von schwarzen Wolken verdeckt.
Auch den Gesang der Vögel vernahm ich nicht mehr,
denn in meiner Welt war es still geworden.
Stille, die nicht einmal meine Verzweiflung
mit einem Schrei durchbrechen konnte.
Denn der Schmerz war zu groß
und nahm mir die Kraft zu schreien
oder auch nur leise zu weinen.

Du warst tot
und mein Leben schien mit dem deinem beendet zu sein.
So ging es eine lange qualvolle Zeit.

Doch plötzlich regte sich etwas in meiner Seele,
fast wie ein kleiner Vogel,
der vorsichtig begann,
das erste Mal mit den Flügeln zu schlagen.
Ganz leise war nun sein Gesang zu vernehmen,
kaum hörbar und doch da.
Da wusste ich, dass noch Leben in mir war,
meine Welt nicht stillstand.

Es wird noch eine lange Zeit dauern,
bis der kleine Vogel fliegen kann
und seine Stimme so kräftig ist,
dass ihn jeder hört.
Aber irgendwann wird der kleine Vogel fliegen,
hoch hinauf in die Lüfte,
direkt der Sonne entgegen.
Und dabei wird er singen
und hoffen, dass die Menschen innehalten,
um ihm zu lauschen.

Der kleine Vogel wird seine Geschichte erzählen
und wird die Menschen damit berühren.
Allerdings nur diejenigen, die eine Seele haben
und erkennen,
dass er nichts anderes als das Innerste meiner Seele ist.

Was bleibt

Erinnerungen an unsere schlimmste Zeit,
die zugleich auch unsere Schönste war.
Nun bist du unendlich weit,
damals waren wir uns noch nah.

Bilder, die nie mehr verblassen,
die sich in mein Herz gebrannt.
Ich kann und will es noch nicht fassen.
Warum haben wir es nicht erkannt?

Träume, die wir dennoch träumten,
alle nur auf Sand gebaut.
Hoffnungen, die unsere Tage säumten,
immer wieder falsch vertraut.

Nichts begriffen, nichts verstanden,
weil die Wahrheit viel zu schwer.
Wir stets Erklärungen dafür fanden,
die nicht zählen, nun nicht mehr.

Was bleibt ist nichts als großes Leid
Und ein unsagbarer Schmerz.
Ihn zu zulassen braucht es Zeit
und dann zerbricht mein Herz.

Zerbrochenes Herz

*Viele Monate nun schon ohne dich
und doch fühle und spür ich nicht.
Nicht Trauer, nicht Schmerz hab ich empfunden,
seit dem du aus meinem Leben verschwunden.
Fühl mich einsam und innerlich leer,
fast so leblos, als gäb's mich nicht mehr.
Meine Tränen versiegten ungeweint,
eine zulange Zeit, die wir vereint.*

*Zu groß der Verlust, um ihn zu erfassen.
Zu stark der Schmerz, um ihn zu zulassen.
Alle Gefühle tief in mir verkrochen,
seit dem Tag, an dem mein Herz zerbrochen.
Und doch hab ich eins stets empfunden,
die Liebe zu dir, denn die ist nie verschwunden.
Sie bleibt als einziges von dir zurück
und die Erinnerung, die nun mein Glück.*

Arme Seele

Gab so viel, was dich im Leben gequält,
dein Schicksal hast' du nicht ausgewählt.
Da brach dir irgendwann die Seele entzwei.
Und als dein Leben für immer vorbei,
kannst du nicht deinen Frieden finden,
zuviel wird dich immer noch auf Erden binden.

Du wurdest gebraucht, wolltest nicht gehen.
Drum ist's nun für dich nicht zu verstehen,
warum dein Leben trotzdem beendet,
da hast du mir die Botschaft gesendet.

„Mein Kind, ich kann hier nicht mehr sein.
Mein Kind, warum ließ ich dich allein?
Wie sollst du dein Leben ohne mich führen?
Wie soll ich es ertragen, dich nicht mehr zu spüren?
Wie soll ich zusehen, was man nun mit dir macht?
Warum war uns dies grausame Schicksal zugedacht?"

Als ich all diese Gefühle von dir vernommen,
da sind meine Tränen endlich gekommen.
.Tränen, die ich nicht zu weinen bereit.
Zu groß der Schmerz der vergangenen Zeit.
Zu schlimm zu sehen, welches Leid du ertragen.
Zu grausam, was geschehen an deinen letzten Tagen.
Zuviel was du erlebt hast und unsagbar gelitten,
noch zu meinen Lebzeiten begann ich darum zu bitten.
Deine Seele zu retten, die man dir zerstört,
doch scheinbar wurde mein Flehen nicht erhöht.

Drum werde ich täglich mein Gebet für dich sprechen,
denn sonst würde ich am Schmerze zerbrechen.
Wenn ich wüsste, dass dich noch so vieles quält,
sollst doch glücklich sein in der anderen Welt.
Deine Seele soll ihr Heil erlangen,
dann wird dein neues Leben anfangen.

Vergiss was hier alles mit dir geschehen,
sollst in die Unendlichkeit eingehen.
Die ewige Ruhe sollst du finden,
dich nichts mehr hier auf Erden binden.
Soll nichts mehr geben, was dich jetzt noch quäle,
das erbitte ich mir für deine arme Seele.

Der Schmerz vergeht nicht

*Die Bilder lassen sich nicht mehr vertreiben,
die Gedanken an die Vergangenheit für immer bleiben.
Was wir gelitten und schmerzhaft empfunden.
Was ich verloren und nie verwunden,
denn die Zeit heilt meine Wunde wohl kaum,
es verblasst ein wenig nur der Albtraum,
den wir erlebt, als dein Leben sich zum Ende neigt.
In der Zeit sich die Liebe erst in aller Deutlichkeit zeigt.*

*Wenn man dann auch nach sehr langer Zeit,
immer noch nicht von dem Schmerz befreit.
Nichts vergessen, nur manchmal verdrängt.
Die Trauer einem das Herz einengt.
Man innerlich bebt wie von Kälte erstarrt.
Man rastlos und doch in Nichtstun verharrt,
dann erkennt man, es ist niemals vorbei,
denn wenn etwas wahre Liebe sei.*

*Darf es nie enden und niemals vergehen,
vielleicht für andere nicht zu verstehen.
Geht nicht den Schmerz jemals zu vertreiben,
denn was Liebe war, wird doch immer Liebe bleiben.
Die Liebe nun mit all ihren Schmerzen,
so fühl' ich dich für immer in meinem Herzen.*

Neues Leben

*Voll von Freude war mein Leben,
als du noch bei mir.
Solche Momente wird es nie mehr geben,
deshalb wünsch' ich mich zu dir.
Doch liegt es nicht in meiner Hand
hier Schicksal zu spielen.
Wo uns doch so viel verband,
an innigsten Gefühlen.
Ich werde einen Weg finden,
der mich führt zu dir.
Er wird meine Schmerzen lindern,
im Heute, Jetzt und Hier.*

*Seh' ich dich in meinen Träumen,
in jeder dunklen Nacht.
Hindernisse aus dem Weg zu räumen
durch des Liebesmacht.
Kann ich nicht zu dir gelangen,
obwohl die Sehnsucht groß.
Hält die Trauer mich gefangen,
laß ich dich nie ganz los.
Will dich nicht endgültig verlieren.
Das überleb ich nicht.
Meine Seele wird zu Eis gefrieren.
Tränen überschwemmen mein Gesicht.*

Traurig kannst du mich nicht sehen.
Warst stets besorgt um mich.
Wirst deshalb zwischen den Welten gehen
und dann seh ich dich.
Wenn auch nur in einem Traum
oder in meiner Phantasie.
Erhellst mir damit meinen Lebensraum,
denn Liebe, die stirbt nie.

Und so ist eins gewiss:
Du bist nie ganz fort.
Wie sehr ich dich auch jetzt vermiss,
ich gebe dir mein Wort.
Werde mein Leben weiterführen,
wenn auch ohne dich.
Wirst auf Ewigkeit mein Herz berühren,
denn: Ich liebe dich!
Und doch musst du eins wissen,
denn mein Herz ist schwer.
Werde immer dich vermissen
und ich trauere so sehr.
Ich werde mein Bestes tun
und will alles geben.
Werde atmen bis zum Ruhn.
Atmen, aber sicher nicht mehr leben.

Fröhlich für dich

Tränen rinnen über mein Gesicht.
Ich wisch sie fort, du siehst sie nicht.
Ich weiß, es würd' dich traurig machen,
drum versuch ich es mit einem Lachen.

Bin Meisterin im Masken tragen,
hab's oft getan, an unseren letzten Tagen.
Durfte dich nicht wissen lassen, wie's um dich steht.
Durfte dich nicht wissen lassen, wie's mir dabei geht.
Musste versuchen fröhlich zu sein.
Hoffnung sollte in deinem Herzen sein.
Solltest in Glück und Freude leben,
dafür hab ich alles gegeben.

Konntest dich immer auf mich verlassen.
Nun bist du tot, ich kann's nicht fassen.
Ich wollte deine Hälfte sein,
und fühl mich nun so sehr allein.
Als ob ein Teil von mir gerissen,
es schmerzt mich so sehr das Vermissen.

Doch weinen werde ich jetzt nicht,
mach auch jetzt ein fröhliches Gesicht.
Weiß ich doch, das wünschst du dir.
Trotzdem sag ich: „Ach, wie fehlst du mir"!

Ich möcht dir sagen

*In meinem Kopf sind tausend Fragen
und mein Herz schlägt schwer.
So viel möchte ich dir sagen,
doch nun kann ich es nicht mehr.
Doch laß ich dich von Herzen wissen:
Ich werd' auf ewig dich vermissen.
Wo nehm' ich nur die Worte her,
um zu sagen: Ich liebe dich so sehr.*

*Wo find ich die Sätze, damit ich den Sinn dir sage,
der Dankbarkeit, die ich im Herzen trage?
Was du mir bist, kann kein Mensch fassen,
neben dir die schönsten Sterne verblassen.*

*Was du mir warst an allen Tagen,
in all den schlimmen Lebenslagen.
Dafür dir mein Dank gebührt,
Deine Liebe habe ich stets gespürt.*

*Was du alles für mich gemacht,
hast nie dabei an dich gedacht.
War für mich das größte Glück
Nun bist du fort – kommst nicht zurück.
Du hast mir jahrelang alles gegeben,
nun ist es an mir, ohne dich zu leben.*

Rückschau

*Es war Nacht als du für immer von mir gingst
und für mich war es,
als würde die Sonne niemals wieder aufgehen.*

*Als dein Leben ausgelöscht war,
erlosch für mich alles Licht,
und seitdem lebe ich in der ständigen
Dunkelheit der Traurigkeit.*

*Dein Leben war vorbei -
das meine auch.*

*Deine Seele ist gegangen.
Meine Seele ist mit dir gegangen.
Was zurückbleibt ist nur mein Körper.*

*Du hast mich verlassen.
Ich habe dich nicht einfach gehen lassen,
sondern bin mit dir gegangen,
denn meine Gefühle und Gedanken sind immer bei dir.*

*Man kann dich mir nicht ganz nehmen.
Dazu ist unsere Liebe viel zu stark gewesen.*

*Ich fühle mich entwurzelt,
denn in dir lagen meine Wurzeln.*

*Ich fühle mich entseelt und mein Herz stumm.
Denn deine Seele ging davon,
als dein Herz aufgehört hat zu schlagen.
Und wir waren doch ein Herz und eine Seele.*

*Ich trage meinen Schmerz mit Stolz im Herzen,
denn mein Schmerz beruht auf der Liebe zu dir.*

*Meine Liebe zu dir ist unendlich,
deshalb erreicht sie dich auch in der Unendlichkeit.*

*Du bist gegangen,
aber ein Stück von dir wird bleiben,
denn ich trage es in meinem Herzen.
Und auch wenn ich mich fühle,
als ob mir das Herz aus dem Leib gerissen wurde,
ist es immer noch da
und so bleibst auch du immer da.*

*Ich schaue zurück und sage:
Alles was war, war Liebe.
So kann ich trotz Trauer
tiefe Dankbarkeit empfinden.*

Innige Beziehung

Du warst stets da, wenn ich dich brauch,
hörtest zu und verstandst mich auch.
Oft habe ich meine Tränen vor dir versteckt,
doch du, du hast sie stets in mir entdeckt.
Wie oft spürte ich deine tröstende Hand,
die Zeichen war, was uns verband.
Wie oft hast du mir beruhigend übers Haar gestrichen
und meine Ängste und Sorgen sind dadurch gewichen.

Inniger konnte eine Beziehung nie sein.
Heute bin ich ohne dich - allein.
Vor diesem Tag hat mir stets gegraut,
war doch mein Leben mit dir aufgebaut.
Nun bin ich auf mich selbst gestellt
und kämpfe allein, mit dem was mich quält.
Weiß nicht, wo soll ich die Stärke her nehmen
muss mich täglich immer so nach dir sehnen.

In einem ich dann Trost doch fand,
erinnere mich an das, was uns verband.
So eine Liebe, die kann nicht vergehen.
So eine Bindung muss weiter bestehen.

Du bist nur auf der anderen Seite des Sein,
denn ich weiß, du lässt mich nie allein.
Kann dich nicht hören, nicht spüren, nicht sehen,
muss unsere Beziehung dennoch weiter bestehen,
sind wir doch aufs Tiefste verbunden
und haben einen Weg gefunden.

Bist du auch fern, so bist du doch nah,
denn du mein Schatz bist immer da.
Liegt nur dein Körper im kühlen Grab.
Du schaust auf mich von den Wolken herab.
Und wenn mir mein Herz gar so schwer,
reist du zwischen den Welten hin und her.
Vielleicht nur für einen kurzen Augenblick
kommst du zu mir auf die Erde zurück.

Dieser Moment wird der Kostbarste sein,
weiß ich doch dann, ich bin nie allein.
Ist deine Seite für mich auch nicht zu erreichen,
wirst du dennoch nie ganz von mir weichen.
Dies wird mich stärken und Kraft mir geben,
die ich brauche um hier weiterzuleben.

Der Mensch in meinem Herzen

Oh, du Mensch in meinem Herzen.
Vorbei die Zeit der Qual und Schmerzen.
Was hast du gelitten und durchgemacht
und dann in einer Samstagnacht.
Vorbei war alle Qual und Pein,
erlöst solltest du nun endlich sein.
Wolltest bis zuletzt nicht gehen,
mich sicher nicht alleine sehen.
Doch ändern konnten wir es nicht,
doch bleibt mir nun der Hoffnung Licht,
trotz der Schwärze der Trauernacht,
denn was hat dich denn ausgemacht.

Deine Seele, die für mich nie verloren,
darum bist du auch auserkoren.
Immer den Weg zu mir zu finden,
denn die Liebe wird uns verbinden.
Was wir hatten, reicht für die Ewigkeit
sind wir nun auch nicht mehr zu zweit,
bleibt unsere Beziehung dennoch bestehen,
war zu innig, um je zu Ende zu gehen.
Und die Liebe ist die größte Macht,
sie erlosch auch nicht in deiner Todesnacht.
Drum weiß ich unter Seelenschmerzen:
Du bist und bleibst der Mensch in meinem Herzen!

Herz verschenkt

*Du musst durchs Tal der Tränen,
für lange Zeit nun gehen.
Viel Leid und auch die Schmerzen
der Sehnsucht überstehen.
Und wenn du denkst,
nun ist die Trauer überwunden,
dann wirst du schnell erkennen,
sie ist nie ganz verschwunden.*

*Wirst viele lange Wochen
durch Dunkelheit noch wandern.
Kein Tag wird sich mehr gleichen,
kein einziger dem anderen.
Und oft wirst du dich fühlen,
wie wenn dein Herz zerrissen,
doch dann wirst du erkennen:
Man hat's dir rausgerissen.
Denn dein Herz und deine Liebe,
waren doch für sie bestimmt,
wen soll es da noch wundern,
dass sie es mit sich nimmt.*

*Am besten du begreifst,
so schnell es für dich geht,
was keiner sonst kann wissen,
was niemand sonst versteht:*

Dass dir ein deinem Leben,
ein wichtiger Teil nun fehlt.
Und kommt was kommen mag,
für dich es nicht mehr zählt.
Egal was auch geschieht,
es kann dich nicht zerstören,
denn eins das weißt du sicher:
Ihr wird dein Herz gehören.

Dein Leben lebst du weiter,
egal wie schwer es scheint.
Immer mit dem Wissen,
irgendwann seid ihr vereint.
Diese Hoffnung wird dich trösten,
mit unendlicher Kraft,
dass du den langen Weg
aus dem Tal der Tränen schaffst.

Doch die Trauer wird nicht enden,
sie wird nie mehr vergehen.
Denn dein Herz hast du verloren,
musst nun ohne es bestehen.
Doch macht dich das nicht traurig,
wenn du es recht bedenkst.
War es das doch was du wolltest:
Du hast ihr ja dein Herz geschenkt.

Zu spät

Vorbei – zu spät, du kommst nicht mehr.
Und ich fühle mich so kalt und leer.
Wir hatten uns noch so viel erträumt.
Zu spät, wir haben es versäumt.

Du bist tot, ich kann's nicht fassen.
Der Schmerz zu groß, um ihn zu zulassen.
Die Trauer zu stark, um sie zu benennen.
Wir beide dachten: Uns kann nichts trennen.

Doch das Schicksal hat es anders gemeint,
getrennt, was doch sonst stets vereint.
Doch habe ich einen Weg gefunden,
dadurch wir beide für immer verbunden.

Mein Herz, das hab ich dir mitgegeben,
werd' ohne es nun weiterleben.

Ich folge meinem Herzen

Als der Schmerz zu groß, das Leid zu schwer.
Die Hoffnung schwindet und es geht nicht mehr.
Ließ ich dich los und ließ dich gehen,
denn ich wusste, wir würden uns wiedersehen.

Du hast die Erlösung nun gefunden,
doch all das was uns hier verbunden,
kann niemals enden und niemals vergehen.
Doch momentan heißt es, die Trauer überstehen.

Habe ich mich doch nie beklagt,
denn stets gewusst, was mein Herz mir sagt.
Bin stark geblieben mit all meiner Kraft.
Gewusst, dass man alles irgendwie schafft.

Eins hilft lindern meine Seelenschmerzen.
Ich weiß, ich folge meinem Herzen.
Nicht heute – nicht morgen – irgendwann.
Dann führen wir weiter was auf Erden begann.

Mein Sein

Bei jedem Atemzug, den ich mache,
denke ich an dich.
Bei jedem Schlag meines Herzens,
spüre ich die Liebe zu dir.
Bei jedem Schritt, den ich gehe,
wünschte ich, du wärst an meiner Seite.
Bei jedem Ton, der an mein Ohr dringt,
hoffte ich, es wäre deine Stimme.
Bei jedem Duft, den ich rieche,
erinnere ich mich an dein Parfum.
Bei jedem Gesicht, das ich sehe,
vermischt es sich mit deinem Anlitz.
Bei jeder Berührung, die ich fühle,
sehne ich mich nach deinen Händen.

Doch du bist fort.
Doch mein Denken, mein Handeln, meine Sinne,
sind immer mit dir verbunden.
Daran wird sich nie etwas ändern,
denn mein ganzes Sein bist du!

Zuviel

Zuviel Zeit ist in Land gegangen,
zu lang allein und in Trauer gefangen.
Zuviel geweint und unsagbar gelitten.
Zuviel gefleht, doch unerhört mein Bitten.

Habe doch gezeigt, wie stark ich sein kann,
als mein Leben noch mal von vorn begann.
Dieses Leben, das nun nicht mehr mit dir geteilt.
Bin nicht in Trauer versunken oder im Schmerz verweilt.
Hab gekämpft und geglaubt, ich würd's überstehen,
die Trauer leichter werden, doch niemals vergehen.

Doch nun muss ich erkennen und offen zugeben.
Bist du nicht mehr da, ist es für mich auch kein Leben.
Warum muss ich leiden und so viel ertragen?
Warum interessiert es nicht, hört niemand mein Klagen?
Vielleicht weil nach außen, alles gleich geblieben.
Doch fühle ich mich wie aus dem Paradies vertrieben.

Doch kann keiner hören, wie ich innerlich schrei.
Wie es in meinem Kopf hämmert, nun ist es vorbei.
Wie mein Herz zerbrochen in nur einer Nacht.
Wie meine Seele erstarrt,
als du deinen letzten Atemzug gemacht.

Die Tränen bleiben aber ungeweint,
stets in der Hoffnung, wir wären vereint.
Du nicht tot, mir einfach genommen,
nur kurz weg, wirst gleich wiederkommen.
Das Eine hat nun die Zeit erreicht,
aber nicht dass der Schmerz der Trauer weicht.
Nein, nur meine Lüge, die kann ich nicht länger leben.
Ich weiß nun, du bist fort, es wird dich nie mehr geben.

In diesem Moment muss mein Schreien beginnen
Und Tränen wie Fluten über meine Wangen rinnen.
Der Schmerz so unerträglich, wie wenn man mich zerbeißt
Und mir bei lebendigem Leibe das Herz rausreißt.

Doch auch dieser Schrei ist nicht zu hören,
keine Tränen zu sehen, sie allein mir nur gehören.
Und mein Herz schlägt weiter, obwohl es zerrissen
und spürt nur noch eins das so sehr Vermissen.

Doch plötzlich ein Laut aus meiner Kehle erschallt,
so laut, dass es von den Wänden widerhallt.
„Bitte, bitte komm doch wieder",
dann sink ich auf die Knie nieder.

Mein Wunsch wurde wieder mal nicht erhört.
So bleib ich allein und völlig zerstört.

Niemand

Du bist tot!
Meine ganze Welt hat sich verändert über Nacht.
Und doch lebe ich mein Leben weiter,
wie wenn nichts geschehen wäre.

Alle bewundern mich, ob meiner Kraft.
Alle bewundern mich, ob meiner Stärke.
Niemand erkennt, dass meine Seele zerbrochen ist.
Niemand bemerkt, dass ich mir dir gestorben bin.

Ich muss

*Kann nicht weinen,
obwohl die Tränen in mir brennen.
Find nicht die Worte,
den Schmerz richtig zu benennen.
Kann nicht schreien,
auch wenn mir so danach ist.
Kann nur fühlen:
Du wirst so vermisst!*

*Muss nun damit leben,
auch wenn's mir nicht gefällt.
Muss ich noch bleiben,
auch wenn mich nichts hält.
Und warum?
Die Antwort im Dunkeln liegt.
Vielleicht weil das Leben,
über die Selbstaufgabe siegt.*

Trost für mein Kind

Versteh mein Kind, es war an der Zeit.
Wie gerne hätt' ich noch verweilt.
Wollt' doch noch bleiben auf dieser Welt,
egal wie viel mich hier gequält.
Wollte niemals von dir gehen,
doch ich weiß, wir werden uns wiedersehen.

Drum weine nicht mein liebes Kind,
im Herzen wir zusammen sind.
Wisch die Tränen einfach fort.
Ich erwarte dich an einem anderen Ort,
an dem alles ohne Angst und Pein,
an dem man kann, man selber sein,
an dem die Zeit, dann nicht mehr zählt,
an dem nichts Menschliches dich quält,
an dem es nur noch Liebe gibt,
an dem du wiedersiehst, wen du geliebt.
Dort werden wir zusammen sein,
doch jetzt, jetzt lasse ich dich allein.

Du musst deinen Weg nun alleine gehen,
doch am Ende steht unser Wiedersehen.
Und wenn du denkst „es ist zu schwer".
Und wenn du meinst „es geht nicht mehr",
dann geh weiter Kind, tu es für mich.
Du weißt doch, ich erwarte dich.

Nur musst du deinen Weg zuerst beschreiten,
doch meine Liebe wird dich stets begleiten.
Sie wird dich führen mit sicherer Hand,
sie wird uns verbinden wie ein unsichtbares Band,
sie wird dich stärken, wenn die Kraft dir fehlt,
sie wird dir helfen, wenn dich das Leben quält,
sie wird dich beschützen, wenn dir vor Angst so bang,
sie wird dich begleiten ein Leben lang.

Durch diese Liebe wir immer zusammen sind.
Ich, deine Mutter und du mein Kind.

Die Zeit sie eilt, sie schnell vergeht

Die Zeit sie eilt, sie schnell vergeht,
Zuviel passiert, man nicht versteht.
Ist's wirklich vorbei, schon so lange Zeit?
Seitdem du aus deinem irdischen Leben befreit?
Du fortgegangen und nicht mehr gekommen.
Sag warum hast du mich nicht mitgenommen?
Warum nur, hast du mich zurückgelassen?
Es ist so schwer, ich kann's nicht fassen.

Die Zeit sie eilt, sie schnell vergeht,
doch der Schmerz im Herzen weiterbesteht.
Und doch ist's, als hätt' es dich nie gegeben,
für alle vergessen, wer fehlt in meinem Leben.

Niemand interessiert sich wie das Leid mich quält.
Sag, was hält mich auf dieser Welt?
Täglich wünschte ich, du kämst zurück,
doch ganz ehrlich, wär's nicht mein Glück?
Wenn ich zu dir käme, um wieder vereint,
die Welt verlassen, die es nicht gut mit mir meint?
Bei dir vielleicht meinen Frieden finden,
denn sag, was soll mich noch auf Erden binden?

*Die Zeit sie eilt, sie schnell vergeht.
Dieser Gedanke in meinem Kopfe weht.
Und doch werde ich diesen Weg nicht gehen.
Warum nicht? Für mich selbst nicht zu verstehen.
Doch liegt es mir nicht aufzugeben,
denn für meine Eltern heißt es „leben"!*

Das letzte Geschenk

Die Wochen vorbei, seit dem du mich verlassen.
Es tut unsagbar weh, ich kann es nicht fassen.
Ist alles vorbei und war doch für die Ewigkeit bestimmt.
Der Schmerz zu groß, als man mir das Liebste nimmt.
Du bist fort, ich blieb allein zurück.
Hab' dich verloren und damit mein Lebensglück.

Habe weitergelebt nun schon viele Wochen lang,
ignoriert und verdrängt, wenn mir im Herzen bang.
Gelitten, geweint und doch auch gelacht
und Tag für Tag einfach weitergemacht.
Als ob nichts gewesen, als ob nichts geschehen.
Wozu auch, es kann doch keiner verstehen.
Was es heißt, wenn eine wie du gehen muss.
Wenn damit für zwei mit dem Leben ist Schluss.
Wenn die Gemeinschaft durchtrennt, weil einer nun fehlt
und plötzlich alles nichts ist und gar nichts mehr zählt.

Und doch sind Wochen ohne dich nun vorbei,
wo einer weiterlebt, obwohl es eigentlich zwei.
Denn für mich bist du nie ganz fortgegangen,
haben nur eine neue Beziehung angefangen,
in der du immer noch bei mir bist,
auch wenn du täglich aufs Neue vermisst.

Ich vermisse deine Hand, die mich zärtlich berührt.
Deine Umarmung, die ich so gern gespürt.
Deine Stimme mit ihrem warmen samtenen Klang.
Deine Augen, deren Blick in mein Herz eindrang.
Dein ansteckendes Lachen, aber auch dein Fluchen.
Umsonst werde ich für immer danach suchen.

Und doch werd' ich es in meinen Erinnerungen finden,
dich dadurch für immer an mich binden.
Denn nichts ist vergessen, was jemals geschah.
In meinen Gedanken bist du mir ganz nah.
In meinem Herz wird dein Platz sein für alle Zeit
und leben wir nun, auch nicht mehr zu zweit.
So lebe ich doch weiterhin mit dir.
So bleibst du für immer im Heute und Hier.

Doch Schmerz und Trauer lässt mich niemals mehr los,
denn unsere Liebe war so unsagbar groß.
Der Schmerz wird erst dann vergehen,
an dem Tag, an dem wir uns wiedersehen.
Bis dahin werde ich weitermachen,
sehr viel weinen und doch wieder lachen.
Und dabei eines stets bedenken:
Dies ist das Letzte, was ich dir kann schenken.
Denn so lange ich weiter am Leben,
so lange wird es dich auch noch geben.
Und wenn ich dann meiner Pflicht entbunden,
hab' ich endlich den Weg zu dir gefunden.

*Wer mehr über mich und meine Bücher
erfahren möchte, kann das auf meiner Webseite:
www.angelika-wolf-buecherwelt.de
Über einen Besuch würde ich mich sehr freuen.*